www.loqueleo.santillana.com

loqueleo

¿QUIÉN SIGUE A UN ELEFANTE?
© Del texto y de las ilustraciones: 2005, Teresa Novoa
D.R. © Santillana Ediciones Generales, S. L., 2004
© De esta edición:
   2017, Santillana USA Publishing Company, Inc.
   2023 NW 84th Avenue
   Doral, FL 33122, USA
   www.santillanausa.com

Loqueleo es un sello editorial del **Grupo Santillana.** Estas son sus sedes:
ARGENTINA, BOLIVIA, BRASIL, CHILE, COLOMBIA, COSTA RICA,
ECUADOR, EL SALVADOR, ESPAÑA, ESTADOS UNIDOS, GUATEMALA,
MÉXICO, PANAMÁ, PARAGUAY, PERÚ, PORTUGAL, PUERTO RICO,
REPÚBLICA DOMINICANA, URUGUAY Y VENEZUELA.

Primera edición en Santillana Ediciones Generales, S.A. de C.V.: abril de 2007
Primera edición en Editorial Santillana, S.A. de C.V.: mayo de 2013
Segunda reimpresión: enero de 2014

ISBN: 978-1-64101-141-9

www.loqueleo.santillana.com

Published in The United States of America
Printed in USA by Gutenberg's Dream LLC
20 19 18 17 1 2 3 4 5 6 7 8 9

¿Quién sigue a un elefante?

Teresa Nova

Ilustraciones de la **autora**

loqueleo

1

Un elefante quería darse un baño tranquilo,

pero le siguieron:

2

dos grandes rinocerontes,

3

tres jirafas elegantes,

4

cuatro leones feroces,

5

cinco cebras rayadas,

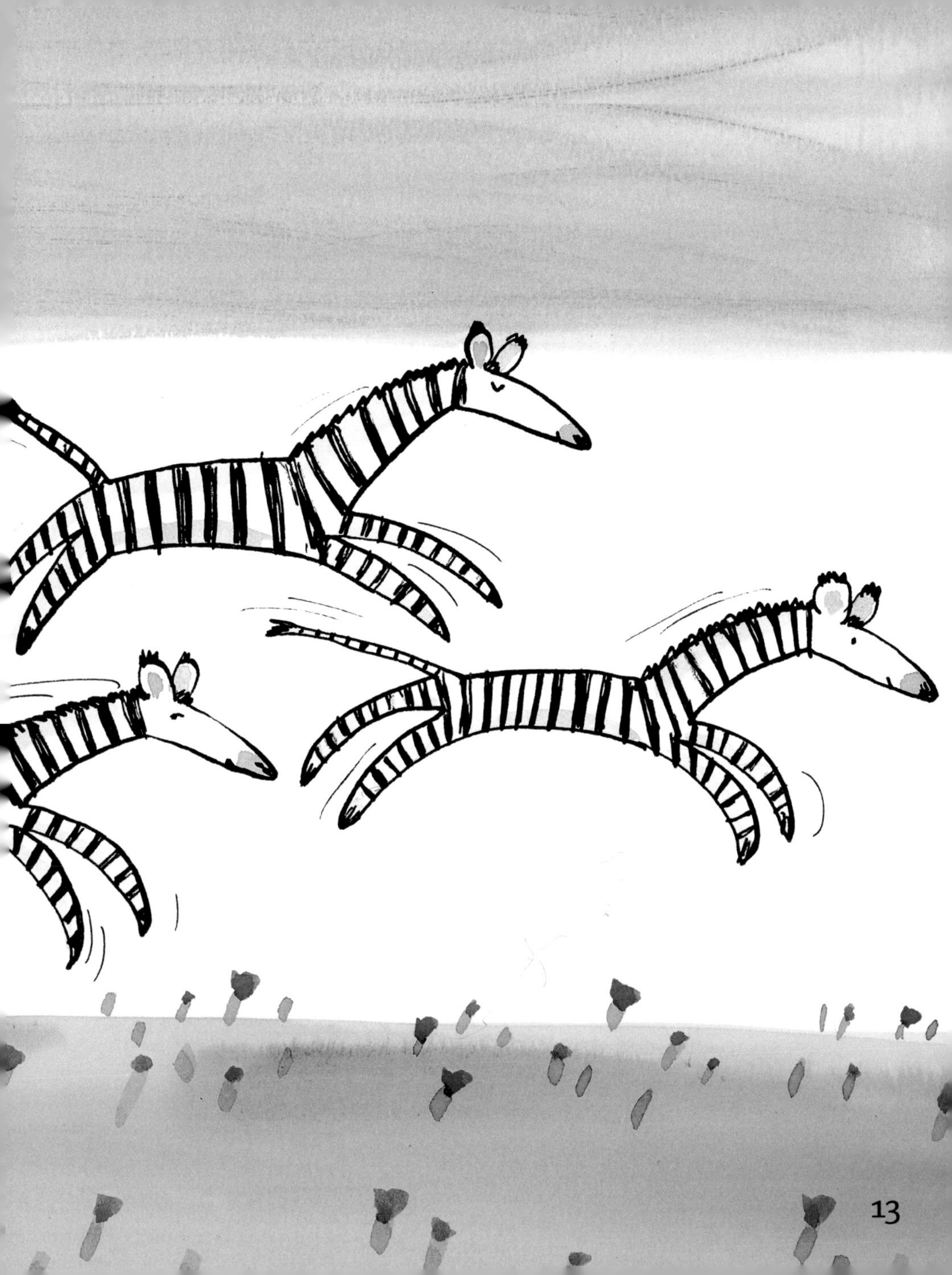

seis hienas divertidas,

7

siete jabalíes alegres,

8

ocho ranas saltarinas,

9

nueve pájaros parlantes,

todos fueron a bañarse

con el elefante.

Aquí acaba este libro
escrito, ilustrado, diseñado, editado, impreso
por personas que aman los libros.
Aquí acaba este libro que tú has leído,
el libro que ya eres.